IQ-Training für Kinder 2023

Altersklasse: 8 – 12 Jahre

Neu: Mit Bonus-Aufgaben

Aribert Böhme
Psychologische Beratung & Lerncoaching

Impressum

Alle Rechte liegen beim Autor
Düsseldorf, im Frühjahr 2023
E-Mail: Psychologische_Beratung_Boehme@gmx.de
Herstellung und Verlag: BoD - Books on Demand, Norderstedt
3. verbesserte Neuauflage
ISBN: 9783756235629

Bibliografische Information der Deutschen Nationalbibliothek

**Die Deutsche Nationalbibliothek verzeichnet diese Publikation in der
Deutschen Nationalbibliografie; detaillierte bibliografische Daten sind im
Internet über http://dnb.d-nb.de abrufbar.**

<u>Eine persönliche Anmerkung grundsätzlicher Art:</u>

Konstruktive Kritik ist nicht nur sinnvoll und notwendig, sondern ausdrücklich gewünscht, um die Qualität eines Buches optimieren zu können.

Das, was sich jedoch zunehmend auch im Rahmen sog. „Rezensionen" im Internet beobachten lässt, hat oftmals mit konstruktiver Kritik leider nichts mehr zu tun. Vielmehr lässt sich beobachten, dass es offenbar nicht wenige Leute gibt, die weder willens, noch fähig zu dem sind, was es heißt „Konstruktive Kritik zu üben".

Verbale Anfeindungen primitivster Art, die zudem zumeist inhaltlich jeder verifizierbaren Grundlage entbehren, überfluten nicht selten den Bereich von sog. „Rezensionen", sodass potenzielle NeuleserInnen oftmals einen falschen Eindruck von einem Buch bekommen können.

Ganz ausdrücklich danke ich solchen Leser*innen, die zu recht in einer konstruktiven Art und Weise auf nachweislich vorhandene Fehler in älteren Versionen dieser Buchreihe aufmerksam gemacht haben. In einigen Fällen war es auch so, dass sich zunächst als „Fehler" geglaubt erkannte Defizite bei genauerem Hinsehen als eigene Fehler bzw. Missverständnisse der sog. „Rezensent*innen" herausgestellt haben. Bedauerlicherweise werden solche Klarstellungen, die im Interesse der Autorinnen und Autoren aus Gründen der Fairness zu erwarten wären, auf der übermächtigen Plattform xyz systematisch unterdrückt.

Aufmerksame und kluge Leser*innen werden sicher längst erkannt haben, dass sog. „Rezensionen", bei denen oftmals faire und nachprüfbare Klarstellungen systematisch unterdrückt werden, keine seriöse Orientierungshilfe für potenzielle Leser*innen bieten.

Vorwort

Liebe Kinder,

herzlich willkommen hier im Lernland für schlaue Kinder.

Schön, dass du dieses Buch in deinen Händen hältst.

Damit hast du eine kluge Entscheidung getroffen.

Dieses Trainingsbuch kann und wird dir dabei helfen viele Fähigkeiten zu trainieren, die du auch in der Schule immer wieder benötigst.

Hier in diesem IQ-Trainingsbuch findest du viele Übungen zu folgenden Themen:

- *Logik*
- *Sprache*
- *Rechnen*
- *Gedächtnistraining*

Vermutlich fragst du dich schon, was wohl diese merkwürdige Abkürzung „IQ" bedeuten mag...?!

Hinter dieser Abkürzung verbirgt sich der Begriff „Intelligenzquotient".

Wenn du nun denkst, dass du genauso schlau bist wie zuvor, dann hast du recht. Warum?

Nun, unter dem Begriff „Intelligenz" kannst du dir vielleicht etwas Konkretes vorstellen. In der Alltagssprache benutzen Menschen dann oftmals solche Formulierungen wie z. B.:

Dieses Kind ist sehr schlau.
Dieses Kind ist sehr klug.
Dieses Kind ist sehr clever.

Bestimmt kennst du noch weitere Formulierungen, die alle miteinander zum Ausdruck bringen möchten, dass du über Fähigkeiten verfügst, die es dir ermöglichen, schwierige Situationen bzw. schwierige Aufgaben ohne fremde Hilfe selbstständig korrekt lösen zu können.

Den Begriff „Quotient" kennst du vermutlich schon aus dem Mathematik-Unterricht in der Schule?

Zur Erinnerung: Damit ist das Ergebnis einer Divisionsaufgabe gemeint, wie z. B.: 3600 : 60 = 60.

Der Begriff „Intelligenzquotient" (kurz: IQ) stellt – einfach gesagt – einen Zusammenhang her zwischen dem Lebensalter eines Menschen, und dessen Fähigkeit, Aufgaben selbstständig korrekt lösen zu können.

Was ist damit gemeint?

Hier ein konkretes Beispiel, das dir das Verständnis erleichtern wird:

Angenommen, ein acht Jahre altes Kind löst eine schwierige Aufgabe, die zumeist erst von einem zehnjährigen Kind korrekt gelöst werden kann, dann bedeutet das, dass das acht Jahre alte Kind diesbezüglich eine überdurchschnittliche Intelligenz besitzt, da es schon eine Aufgabe hat lösen können, die eigentlich erst für ältere Kinder (hier: Zehnjährige) entwickelt wurde.

Umgekehrt gilt: Angenommen, ein zehnjähriges Kind wäre nicht dazu in der Lage, eine Aufgabe korrekt zu lösen, die zumeist schon von achtjährigen Kindern richtig gelöst werden könnte, dann bedeutete das, dass dieses zehnjährige Kind über eine unterdurchschnittliche Intelligenz verfügt.

Ganz wichtig ist jedoch zu wissen, dass kein einziger Intelligenztest etwas über deinen Wert als Mensch aussagt.

Du bist – so oder so – ein wertvolles Kind, das über vielfältigste Fähigkeiten verfügt, die sich mit keinem Intelligenztest sinnvoll messen lassen.

Jedes Kind und auch jeder Erwachsene ist von Natur aus unterschiedlich.

Niemand, auch du, wurde vor der Geburt gefragt, ob sie oder er beispielsweise besonders gut rechnen kann, oder ob du vielleicht besondere Sprachfähigkeiten besitzt, oder ob ein Mensch künstlerisch begabt sein möchte?

Deshalb ist es sehr wichtig, dass du dich zwar darüber freuen darfst, wenn du beispielsweise besonders gut rechnen kannst, oder dass du vielleicht über gute Sprachfähigkeiten verfügst. Jedoch solltest du nicht den Fehler begehen, dich deshalb als besser oder wertvoller zu fühlen, als ein anderes Kind, das vielleicht in bestimmten Teilbereichen weniger gute Leistungen zeigt.

Klüger und besser ist es, wenn du daran denkst, dass eine gute Intelligenz vorwiegend nicht dein eigener Verdienst ist, sondern vielmehr ein Geschenk, das dir die Natur mit auf deinen Weg gegeben hat.

Von daher solltest du dankbar dafür sein, dass du von anderen Menschen als klug oder clever eingeschätzt wirst.

In diesem IQ-Trainingsbuch geht es also <u>nicht</u> darum einen Wettbewerb zwischen dir und anderen Kindern zu starten, mit dem Ziel, dass sich intelligentere Kinder womöglich anderen Kinder gegenüber überheblich verhalten, weil sie vielleicht bessere Testergebnisse erzielt haben.

Vielmehr wird dir dieses IQ-Trainingsbuch die Chance geben, viele Aufgaben frei und ungezwungen trainieren zu können, die dir auch in der Schule im weiteren Verlauf sehr nützlich werden könnten.

Bitte vergiss nicht:

Du lernst weder für deine Eltern, noch für deine LehrerIn oder für andere Menschen.

Du lernst einzig und allein für dich!

Du musst niemandem beweisen, dass du womöglich in bestimmten Schulfächern besser bist als andere Kinder.

Wichtig ist vor allem, dass du mit Freude lernst.
Wichtig ist, dass du vor allem deswegen lernst, weil dich viele Themen wirklich interessieren.

Unsere gesamte Welt könnte sehr viel freundlicher und friedlicher sein, wenn die Menschen begreifen würden, dass es für uns alle sehr viel besser ist, wenn jeder Mensch genau die positiven Fähigkeiten zur Entfaltung bringen könnte, die ihm die Natur geschenkt hat.

Vielleicht bist du auch traurig darüber, dass schon in der Schule Kinder dazu angeleitet werden, Leistungsvergleiche zwischen sich und anderen Kindern anzustellen, mit dem Ergebnis, dass dann vor allem genau solche Kinder traurig sind, denen die Natur eben leider keine hohe Intelligenz geschenkt hat.

Als kluges Kind, das du vermutlich bist, wirst du verstehen, dass ein wirklich kluges Kind sich zwar über eigene, gute Leistungen freuen wird, es sich jedoch nicht über womöglich schwächere Leistungen anderer Kinder lustig machen wird. Das ist nicht nur unfair, sondern vor allem auch sehr dumm!

Also: Sei ein kluges Kind, und nutze dieses IQ-Trainingsbuch in dem Sinne, dass du deine eigenen Fähigkeiten verbessern möchtest, um somit auch in der Schule gute Chancen zu haben. Hüte dich bitte davor, andere Kinder zu beleidigen oder zu hänseln, falls diese teils schlechtere Testergebnisse erzielen, sondern freue dich vielmehr über deine eigenen, guten Ergebnisse, und nutze deine Intelligenz auch dazu, anderen Kindern zu helfen, denen die Natur leider eine etwas schwächere Intelligenz geschenkt hat.

Wie kannst du nun mit diesem IQ-Trainingsbuch sinnvoll arbeiten?

Zunächst einmal ist es wichtig, dass du diesen IQ-Test nur in einem ausgeruhten und entspannten Zustand durchführst. Falls du z. B. Stress in der Schule hast, Ärger mit deinen Eltern oder Mitschüler*innen, falls du dich nicht gut fühlst usw., solltest du bitte auf jeden Fall eher einen Zeitraum wählen, der für dich besser geeignet erscheint.

Während du den IQ-Test durchführst, musst du bitte unbedingt darauf achten, dass du durch nichts und niemand gestört wirst. So wäre es beispielsweise sehr schlecht, wenn Geschwister oder Freunde dich während des Tests in deiner Konzentration störten. Ebenso solltest du bitte unbedingt darauf verzichten Musik zu hören oder Fernsehen zu schauen. Auch dein Smartphone solltest du während der Testzeit unbedingt komplett entfernen. Jede unnötige Störung schwächt deine Konzentration. Und genau die ist bei der Durchführung dieses IQ-Tests sehr wichtig und unverzichtbar!

Je nach deiner persönlichen Arbeitsgeschwindigkeit wirst du für die vollständige Durchführung dieses IQ-Tests etwa vier bis fünf Stunden benötigen. Selbstverständlich darfst du dieses Trainingsbuch auch in kleineren Zeiteinheiten bearbeiten. Achte aber bitte darauf, dass keiner der Zeitabschnitte weniger als eine Stunde beträgt.

Falls du bei der einen oder anderen Aufgabe merkst, dass du absolut nicht weiterkommst, dann bearbeite einfach die jeweils nächste Aufgabe, damit du keine unnötige Zeit verlierst.

Sehr hilfreich wird es sein, wenn du deine Eltern darum bittest, dich bei der Durchführung dieses IQ-Trainingsbuchs zu unterstützen, indem deine Eltern darauf achten, dass die vorgegebenen Bearbeitungszeiten konsequent eingehalten werden. Ganz besonders wichtig ist, dass dir deine Eltern ansonsten keine Hilfen (z. B. Tipps zur Lösung) geben, denn das verfälscht natürlich das Testergebnis!

Welche Arbeitsmaterialien brauchst du zur Durchführung dieses IQ-Tests?

Außer einem Stift (Kugelschreiber, Füller oder Bleistift) darfst du ausschließlich deinen eigenen Kopf benutzen. In seltenen Fällen ist es bei einigen Aufgaben gestattet, dass du auch einen Schreibblock verwendest. Sollte das der Fall sein, wird in der betreffenden Testaufgabe ausdrücklich noch darauf hingewiesen.

Alle sonstigen Hilfsmittel, wie beispielsweise: Taschenrechner, Bücher, unterstützende Eltern oder ältere Geschwister usw. sind ausdrücklich verboten!

So, und nun kann's richtig losgehen...

Ich wünsche dir ganz viel Freude bei deiner Arbeit mit diesem IQ-Trainingsbuch sowie ein gutes und erfreuliches Testergebnis!

Und nochmals:

Bitte vergiss nicht: Wie immer auch dein Testergebnis ausfallen wird...

Du bist ein wertvolles und liebenswertes Kind.

Falls dein Testergebnis erfreulich ausfällt, darfst du dich voller Dankbarkeit darüber freuen.

Falls dein Testergebnis womöglich weniger gut ausfallen sollte, bedeutet das nicht, dass du kein wertvolles Kind bist, sondern lediglich, dass du deine Fähigkeiten in dem einen oder anderen Bereich in Zukunft noch deutlich verbessern kannst. Du schaffst das!

Wichtige Hinweise für deine Eltern

Liebe Eltern,

schön, dass Ihr Kind dieses IQ-Trainingsbuch bearbeiten möchte.

Das ist eine gute und lobenswerte Entscheidung!

Bitte bedenken Sie jedoch, dass es nicht Sinn und Zweck dieses IQ-Trainingsbuchs ist, Kinder dazu aufzufordern, sich in einen wechselseitigen Konkurrenzkampf um das womöglich beste Testergebnis zu begeben.

Das wäre kontraproduktiv, und ist hier ganz ausdrücklich nicht gewollt!

Vielmehr möchte dieses IQ-Trainingsbuch Ihrem Kind die Chance geben, vielfältige und typische Testaufgaben zu bearbeiten, wie sie im Rahmen diverser IQ-Tests in unterschiedlichen Situationen zum Einsatz kommen.

Primär geht es hier weniger darum möglichst viele Punkte zu sammeln, sondern vielmehr darum, auf eine ungezwungene und entspannte Art und Weise möglichst viele Testaufgaben bearbeiten zu können, um somit frühzeitig ein sicheres Gespür für zu erwartende Anforderungen entwickeln zu können.

Insofern sollten Sie bzw. Ihr Kind die ermittelten Testwerte allenfalls als eine grobe Orientierungshilfe verstehen; nicht jedoch als ein „in Stein gemeißeltes Ergebnis". Bitte bedenken Sie, dass es sich hierbei lediglich um eine Momentaufnahme handelt, die aus verständlichen Gründen von diversen Faktoren beeinflusst wird, auf die weder Sie, noch Ihr Kind einen signifikanten Einfluss haben.

Es liegt in der Natur der Sache, dass in dem hier primär als Zielgruppe avisierten Altersintervall von ca. 8 – 12 Jahren teils erhebliche

Unterschiede in den jeweils erreichten Entwicklungsstufen bestehen.

So werden beispielsweise die durchschnittlich zu erwartenden IQ-Werte zwischen achtjährigen und zwölfjährigen Kindern erheblich deutlicher voneinander abweichen, als dies in einem höheren Lebensalter bei Erwachsenen der Fall sein wird.

Von daher wird es so sein, dass manche der hier zu bearbeitenden Testaufgaben vor allem für jüngere Kinder relativ schwieriger zu lösen sein werden, da u. a. auch rein wissensmäßige Aspekte (z. B. geographische Kenntnisse usw.) mit in manche Aufgaben einfließen.

Dies sollten Sie bzw. Ihr Kind jedoch <u>nicht</u> als Benachteiligung wahrnehmen, <u>sondern</u> vielmehr als eine Chance – sozusagen „nebenbei" auch noch den eigenen Wissenspool ein wenig mit neuem Wissen auffüllen zu können.

Falls also Ihr Kind bei der einen oder anderen Aufgabe aus verständlichen Gründen sichtlich überfordert sein sollte, leiten Sie es bitte dazu an, in solchen Fällen einfach zur jeweils nächsten Aufgabe überzugehen.

Fundamental entscheidend wird sein, dass Ihr Kind dieses IQ-Trainingsbuch nicht als eine „zusätzliche Belastung" erlebt, sondern vielmehr als eine Möglichkeit, frei und ohne Druck vielfältigste Aufgaben trainieren zu können.

In diesem Sinne wünsche ich Ihrem Kind ein gutes Gelingen sowie viel Freude und spannende Stunden bei der Beschäftigung mit diesem IQ-Trainingsbuch.

Der Autor:

Aribert Böhme, Freiberufler seit 1988, bietet Dienstleistungen in folgenden Bereichen:

- Psychologische Beratung (Lernpsychologie, Familienpsychologie, Lebensberatung)
- Lerncoaching (Fernlehrgänge z. B.: SGD, ILS in den Fachbereichen Psychologische Beratung, Psychotherapie für Heilpraktiker usw.)
- Implementierung von Texten für Sachbücher in den Bereichen: Lernpsychologie, Psychologie, Pädagogik, EDV, Gesellschaft, Lebensweisheiten
- Coaching für Seniorinnen & Senioren (z. B. Gedächtnistraining)

Im Rahmen seiner freiberuflichen Dozententätigkeit hat der Autor bis dato (2022) ca. 9000 TeilnehmerInnen im Fachbereich EDV bei diversen, namhaften Instituten unterrichtet.

In seiner Funktion als Psychologischer Berater (SGD-Dipl.) bietet der Autor regelmäßig Klientensitzungen vor Ort für hilfesuchende Menschen in den Bereichen: Lebensberatung, Konfliktberatung, Familienpsychologie, Schulpsychologie sowie Lernpsychologie, an.

Bis dato (2022) hat der Autor 32 Titel im thematischen Umfeld von EDV, Lernpsychologie, Pädagogik, Gesellschaftskritik, Lebensweisheiten sowie drei Romane unter Pseudonym publiziert (inkl. einiger Auslandslizenzen für Frankreich, Polen und Russland). Zudem erfolgten Veröffentlichungen in namhaften Tageszeitungen (FAZ, Süddeutsche Zeitung, Rheinische Post usw.).

Seminare und Vorträge zu den Themen Motivationscoaching, Lernpsychologie, Lerntechniken, bietet der Autor sowohl als Firmenschulungen, wie auch als Privatseminare vor Ort an. Anfragen bitte grundsätzlich per E-Mail an:

Psychologische_Beratung_Boehme@gmx.de

Im Rahmen der Implementierung des vom Autor entwickelten NEURONET 2.0 im Umfeld der Neuroinformatik, mit dessen Hilfe Prognosen für Sportwetten erstellt werden können, erfolgte in den Jahren 2001 und 2002 eine ehrenvolle Aufnahme in die Who-is-Who-Lexika, Deutschland & Europa.

Düsseldorf, im Frühjahr 2023

Hauptgruppen für die IQ-Testaufgaben

A)   Sprachliche Intelligenz: Welches Wort passt nicht?

B)   Sprachliche Intelligenz: Gleiche Wortbedeutung?

C)   Sprachliche Intelligenz: Buchstabensalat

D)   Sprachliche Intelligenz: Buchstabengruppen

E)   Sprachliche Intelligenz: Buchstabenreihen

F)   Logisches Denken: Analogien

G)   Logisches Denken: Schlussfolgerungen

H)   Logisches Denken: Zahlenreihen ergänzen

I)   Logisches Denken: Silbenrätsel

J)   Logisches Denken: Wochentage

K)   Logisches Denken: Unmögliches erkennen

L)   Logisches Denken: Meinung oder Tatsache?

M)   Mathematische Fähigkeiten: Kopfrechnen

N)   Mathematische Fähigkeiten: Rechenzeichen einsetzen

O)   Beobachtungsgabe: Welches Zeichen ist anders in einer Reihe?

P)   Merkfähigkeit: Wörter einprägen

Q)   Merkfähigkeit: Begriffe merken

R)   Merkfähigkeit: Adressen merken

S)   Merkfähigkeit: Texte einprägen, anschließend Fragen beantworten

T)   Buchstabensalat

U)   Oberbegriffe finden

V)   Passende Begriffe finden

W)   Schnell Wörter finden

X)   Sinnlose Silben

Y)   Merkfähigkeit

Z)   Sudoku

Bonus-Aufgaben

B1   Wortkombinationen

B2   Gegenteiliges finden

B3   Mathematische Knobelaufgaben

A)   Sprachliche Intelligenz: Welches Wort passt nicht?

In dieser Rubrik geht es darum herauszufinden, welches der jeweils vier Wörter inhaltlich nicht zu jeweils drei anderen Wörtern passt?

Beispiel: Rose – Tulpe – Eiche – Narzisse

Hier passt der Begriff „Eiche" nicht. Begründung: Alle anderen genannten Begriffe haben etwas mit dem Thema „Blumen" zu tun. Die Bezeichnung „Eiche" steht jedoch nicht für eine Blume, sondern für einen Baum.

1. Bett – Schrank – Bleistift – Couch
2. Amsel – Elefant – Buchfink – Drossel
3. Fernsehturm – Rathaus – Bungalow – Reihenhaus
4. Möhre – Kopfsalat – Apfel – Zwiebel
5. Schach – Mühle – Halma – Skat
6. Sandra – Tülay – Kevin – Iris
7. Delfin – Braunbär – Karpfen – Goldfisch
8. Weihnachten – Ostern – Zuckerfest – Pfingsten

Bearbeitungszeit: 2 Minuten

B)   Sprachliche Intelligenz: Gleiche Wortbedeutung?

In dieser Rubrik geht es darum herauszufinden, welches der jeweils vier angebotenen Wörter inhaltlich dem jeweils vorgegebenen Begriff am ehesten entspricht?

Beispiel: Angenommen, das vorgegebene Wort lautet „aufmerksam".

Zur Auswahl stehen folgende Begriffe:
großzügig – achtsam – konzentriert – beliebt

Lösung: Der Begriff „achtsam" stimmt am ehesten mit dem Begriff „aufmerksam" überein.

Begründung: Die drei anderen Wörter beschreiben zwar ebenfalls positiv besetzte Begriffe, jedoch ist die bedeutungsmäßige Übereinstimmung am intensivsten mit dem Begriff „achtsam".

9. schmutzig: verdorben – ungenau – dreckig – verwest
10. schnell: flott – heftig – mobil – akkurat
11. schmackhaft: empathisch – genießbar – lecker – wohlig
12. erfinden: bauen – kreieren – gestalten – zeichnen
13. mitmachen: helfen – unterstützen – tragen – teilnehmen
14. eng: undurchlässig – kurz – undeutlich – schmal
15. gepflegt: ordentlich – sortiert – schön – engagiert
16. entspannen: liegen – ausruhen – schlafen – trödeln

Bearbeitungszeit: 3 Minuten

C)   Sprachliche Intelligenz: Buchstabensalat

In dieser Rubrik geht es darum herauszufinden, wie aus einem vorgegebenen „Buchstabensalat" wieder das ursprüngliche Wort gebildet werden kann?

Beispiel: I R N L R E E H

Lösung: Hier lautet das gesuchte Wort „LEHRERIN".

17. A N H D E R C
18. M D S H I B A M W C
19. S I Y P N T A T L A O
20. H E N A L C I H F
21. E B R U A E T N E
22. H L S U K A C E
23. E R Z U B A E R
24. R E N D I R E A S
25. F U G N F L A H E
26. L T W A E L L

Bearbeitungszeit: 20 Minuten

D) **Sprachliche Intelligenz: Buchstabengruppen**

In dieser Rubrik geht es darum herauszufinden, welche Buchstabengruppe nicht nach der gleichen Regel gestaltet ist, wie alle anderen?

Beispiel: Angenommen, es seien folgende Buchstabengruppen vorgegeben:

a)   ABCDE
b)   BCDEF
c)   CDEFG
d)   ZYXWV

Lösung: Hier wäre die richtige Antwort, Gruppe (d) – ZYXWV – passt nicht zu den anderen Buchstabengruppen. Begründung: Hier erfolgt die Sortierung der Buchstaben in alphabetisch absteigender Reihenfolge, wogegen alle anderen Buchstabengruppen alphabetisch aufsteigend sortiert vorliegen.

Bearbeitungszeit: 8 Minuten

Hinweis: Für diese Aufgabe darfst du ausnahmsweise auch einen Schreibblock verwenden, damit du dir als Bearbeitungshilfe das Alphabet aufschreiben kannst.

27.   ABCEF
       KLMOP
       RSTUV
       GHIKL

28.   ACEGI
       DFHJL
       MOQSU
       KLMNO

29. ABCDE
    FGHIJ
    ZYXWV
    KLMNO

30. AWXYZ
    KWXYZ
    EWXYZ
    IWXYZ

E) Sprachliche Intelligenz: Buchstabenreihen

In dieser Rubrik gilt es herauszufinden, nach welchem Prinzip die jeweiligen Buchstabenreihen konstruiert sind, um dann entscheiden zu können, wie die jeweilige Buchstabenreihe logisch fortgesetzt werden müsste?

Beispiel: Angenommen, es sei folgende Buchstabenreihenfolge gegeben: a – e – i – m – q - ?

Lösung: Hier lautet die korrekte Fortsetzung: „u".

Begründung: Zwischen allen Buchstaben in der vorgegebenen Reihenfolge fehlen jeweils – alphabetisch aufsteigend – die drei folgenden Buchstaben. Von daher muss nach dem letzten hier vorgegebenen Buchstaben „q" geprüft werden, welche die drei dann folgenden Buchstaben in alphabetisch aufsteigender Folge wären, die es zu überspringen gilt. Hier wären das demnach die Buchstaben r – s – t, sodass die Folge mit dem Buchstaben „u" anstelle des Fragezeichens fortgesetzt werden müsste.

Hinweis: Für diese Aufgabe darfst du ausnahmsweise auch einen Schreibblock verwenden, damit du dir als Bearbeitungshilfe das Alphabet aufschreiben kannst.

Bearbeitungszeit: 15 Minuten

31.   a – e – i – m – q - ?
32.   a – b – d – e – g - ?
33.   c – g – k - q - ?
34.   a – d – g – j – m - ?
35.   z – y – x – w – v - ?

F)   Logisches Denken: Analogien

In dieser Rubrik geht es darum herauszufinden, welche Analogien (wechselseitigen Verhältnisse) zwischen vorgegebenen Begriffspaaren existieren?

Beispiel: laut : leise   Lärm : ?
                 Bewegungslosigkeit – Stille – Geräusch – Flüstern

Lösung: Hier wäre es das Lösungswort „Stille", da es in einem
                 analogen Verhältnis zum Begriff „Lärm" steht, wie der
                 Begriff „leise" zum Begriff „laut".

Bearbeitungszeit: 2 Minuten

36. Stunde : Minute   Jahr : ?
    Tageszeit – Monat – Jahreszeit – Zeiteinheit
37. Rose : Blume   Buche : ?
    Natur – Baum – Pflanze – Holz
38. Autorin : Buch   Uhrmacher : ?
    Uhr – Zeit – Juwelier – Halskette
39. Karies : Zahnarzt   Beinbruch : ?
    Augenarzt – Neurologe – Orthopäde – Internist
40. Schreiben : Hand   Lesen : ?
    Nase – Augen – Ohren – Zähne
41. Berlin : Deutschland   Paris : ?
    Griechenland – Türkei – Frankreich – Niederlande
42. Physik : Naturwissenschaft   Englisch : ?
    Land – Kontinent – Dialekt – Sprache
43. Schach – Figuren   Uno : ?
    Kartenspiel – Spielkarten – Ferien – Würfeln

G)   Logisches Denken: Schlussfolgerungen

In dieser Rubrik geht es darum logisch korrekte Schlussfolgerungen aus einer vorgegebenen Anzahl von Teilaussagen ziehen zu können.

Beispiel: Wenn A kleiner ist als B, und C kleiner ist als B, C jedoch
                 größer ist als A, wer ist dann am größten?
Lösung: Hier wäre B die korrekt Antwort.
Bearbeitungszeit: 14 Minuten

44. Welcher Turm ist der höchste, wenn Turm A kleiner ist als Turm E, Turm E höher ist als Turm D, Turm C höher ist als Turm B und Turm C höher ist als Turm E?

45. Sandra hat weniger Geld im Sparschwein als Kevin, jedoch mehr als Toni. Sebnem hat mehr gespart als Kevin. Wer hat das meiste Geld im Sparschwein?

46. Hannah hat im letzten Jahr mehr Bücher gelesen als Fritz, aber weniger als Noah. Noah hat mehr Bücher gelesen als Fritz, aber weniger als Sonja. Wer hat die meisten Bücher gelesen?

47. Film A dauert nur halb so lang wie Film D. Film C ist kürzer als Film B, aber länger als Film D. Welcher Film dauert am längsten?

48. Die Stadt C hat weniger Einwohner*innen als die Stadt A, aber mehr als die Stadt D. Die Stadt D hat mehr Einwohner*innen als die Stadt B. Welche Stadt hat die meisten Einwohner*innen?

49. Jost hat weniger Eiskugeln als Jenny, aber mehr als Marina. Jenny hat weniger Eiskugeln als Max, aber mehr als Jost. Wer hat die meisten Eiskugeln?

50. Das Computerspiel C ist spannender als das Computerspiel A, aber genauso spannend wie das Computerspiel B. Das Computerspiel D ist spannender als das Computerspiel A und spannender als das Computerspiel C. Welches ist das spannendste Computerspiel?

H) Logisches Denken: Zahlenreihen ergänzen

In dieser Rubrik geht es darum, dass du die in den Zahlenreihen versteckten Muster entdeckst, nach denen die jeweils nächste Zahl eindeutig gebildet wird.

Beispiel: 2 – 4 – 6 – 8 – 10 – 12 - ?

Deine Aufgabe besteht nun darin herauszufinden, welche Zahl anstelle des Fragezeichens eingesetzt werden muss, damit das in dieser Zahlenreihe enthaltene Berechnungsmuster logisch konsequent fortgesetzt wird.

Lösung: Hier lautet das Berechnungsmuster: + 2
               Demnach lautet die gesuchte Zahl hier: 14

51.	4 – 8 – 12 – 16 – 20 - ?
52.	1 – 3 – 4 – 12 – 13 – 39 - ?
53.	1 – 2 – 7 – 4 – 8 – 13 - ?
54.	9 – 99 – 999 – 9999 - ?
55.	1 – 3 – 12 – 60 – 180 – 720 - ?
56.	8192 – 2048 – 512 – 128 – 32 - ?
57.	1 – 2 – 4 – 7 – 11 – 16 – 22 - ?
58.	1 – 10 – 20 – 16 – 25 – 50 - ?

Bearbeitungszeit: 16 Minuten

I)   Logisches Denken: Silbenrätsel

Aus den jeweils vorliegenden Silben sollen pro Aufgabe drei Wörter (Hauptwörter in der Einzahl) gebildet werden. Die Silben werden absichtlich nur mit Kleinbuchstaben vorgegeben, damit nicht zu leicht ersichtlich ist, welche Silbe jeweils den Beginn eines gesuchten Wortes bildet.

Beispiel: Angenommen, es seien folgende Silben vorgegeben:

fel – la – blei – au – stift – ta

Lösungswörter: Bleistift – Tafel – Aula

Bearbeitungszeit: 5 Minuten

59.   stift – le - turn - te – filz – fon – hal – le

60.   blio – me - per - markt - lo - thek - su - ne - bi

61.   um – pfer - ler - aqua - see - stall - de - ad - ri

62.   film - za - ofen - piz – zei - back - trick - chen

63.   stift – zert – pup – wachs – pe – kon – mal

J) Logisches Denken: Wochentage

In dieser Rubrik geht es darum herauszufinden, welche Wochentage sich aus einer gegebenen Zeitbeschreibung logisch ableiten lassen?

Beispiel: Angenommen, die Aussage lautet:
Wenn heute Mittwoch ist, welcher Tag ist dann zwei Tage nach Übermorgen?

Lösung: Hier lautet die korrekte Antwort: Sonntag.
Begründung: Wenn heute Mittwoch ist, dann wäre übermorgen demnach Freitag. Zwei Tage nach Freitag ist dann also Sonntag.

Bearbeitungszeit: 6 Minuten

64. Vor zwei Tagen war Dienstag. Welcher Tag ist dann übermorgen?

65. In zwei Tagen wird Freitag sein. Welcher Tag ist dann vier Tag nach vorgestern?

66. Vor fünf Tagen war zwei Tage nach Samstag. Welcher Tag ist dann morgen?

67. Wenn vorgestern Mittwoch war, welcher Tag ist dann zwei Tage nach übermorgen?

68. Welcher Wochentag wird zwei Tage nach übermorgen sein, wenn gestern Samstag war?

K) Logisches Denken: Unmögliches erkennen

In dieser Rubrik geht es darum Unmögliches zu erkennen.

Beispiel: Welche der folgenden Behauptungen ist richtig?

Es ist unmöglich, dass...

a)   ... ein Mensch 110 Jahre alt wird.
b)   ... ein Mensch ohne Sauerstoff länger als fünf Stunden überlebt.
c)   ... ein Mensch ohne Nahrung länger als sieben Tage überlebt.
d)   ... ein Mensch nur vier Finger an seiner linken Hand hat.
e)   ... ein Mensch ohne Blinddarm überlebt.

Lösung: Hier wäre die korrekte Antwort unter dem Buchstaben b
zu finden. Begründung: Ja, es stimmt, dass ein Mensch ohne
Sauerstoff nicht länger als fünf Stunden überleben kann.

Bearbeitungszeit: 4 Minuten

69.   Es ist unmöglich, dass eine Viertklässlerin ...

a)   ... in allen Schulfächern die Note „sehr gut" bekommt.
b)   ... ein Verkehrsflugzeug fliegen darf.
c)   ... mehr als 50 kg wiegt.
d)   ... klüger ist als ein Sechstklässler.
e)   ... alle Harry Potter – Bücher gelesen hat.

70.   Es ist unmöglich, dass ein Planet ...

a)   ... größer ist als die Erde.
b)   ... außerhalb unseres Sonnensystems existiert.
c)   ... kein biologisches Leben trägt.
d)   ... größer ist als das gesamte Universum.
e)   ... mehr als eintausend Städte beherbergt.

71.   Es ist unmöglich, dass die größte zweistellige Zahl ...

a)   ... mit 2 multipliziert werden kann.
b)   ... ohne Rest durch fünf dividiert werden kann.
c)   ... vervierfacht werden kann.
d)   ... um den eigenen Wert erhöht wird.
e)   ... mehr als zehn Mal verdoppelt wird.

72.   Es ist unmöglich, dass ein Tapir ...

a)   ... Kakao trinkt.
b)   ... eine Erdbeertorte futtert.
c)   ... Klavier spielen kann.
d)   ... schneller läuft als ein Hund.
e)   ... einen Mittagsschlaf hält.

73.   Es ist unmöglich, dass...

a)   ... ein Schachcomputer den menschlichen Weltmeister besiegt.
b)   ... dass es Leben außerhalb der Erde gibt.
c)   ... es Lehrer gibt, die selbst mehrfach sitzengeblieben waren.
d)   ... es Filme gibt, die länger als drei Stunden dauern.
e)   ... ein Mädchen mit dem Fahrrad zum Mond fahren kann.

L)   Logisches Denken: Meinung oder Tatsache?

In dieser Rubrik gilt es herauszufinden, ob es sich bei einer Aussage um eine Meinung oder um eine Tatsache handelt?

Beispiel: Angenommen, es seien folgende Aussagen gegeben:

a)   Blau ist eine sehr schöne Farbe.
b)   Ein Tag auf der Erde besteht derzeit aus ca. 24 Stunden.

Lösung: a)   Meinung – nicht objektiv begründbar
             b)   Tatsache – objektiv belegbar gemäß Vereinbarung

Bearbeitungszeit: 2 Minuten

74.   Der Jupiter ist größer als die Venus.
75.   Schneewittchen ist der Name einer Kinderbuchfigur.
76.   Limonade schmeckt köstlich.
77.   Mädchen sind mehrheitlich kleiner als Jungen.
78.   Auf der Sonne gibt es keine Kinos.
79.   Schokolade schmeckt besser als Rosenkohl.
80.   Nürnberg ist die schönste Stadt in Bayern.
81.   Mädchen besitzen durchschnittlich kleinere Gehirne als Jungen.
82.   Jungen sind durchschnittlich aggressiver als Mädchen.
83.   Schachspielen bereitet mehr Freude als Turnen.

M) Mathematische Fähigkeiten: Kopfrechnen

In dieser Rubrik werden deine Fähigkeiten im Kopfrechnen getestet. Zur Bearbeitung dieser Aufgaben sind keinerlei zusätzliche Hilfsmittel (Papier, Bleistift, Taschenrechner usw.) erlaubt. Einzig deinen Kopf darfst du zur Lösung der folgenden Aufgaben verwenden.

Bearbeitungszeit: 12 Minuten

84. $13 + 11 + 21 = ?$
85. $117 - 42 + 15 = ?$
86. $26 * 2 * 4 = ?$
87. $2048 / 64 = ?$
88. $(11 * 5 + 8) - 2 = ?$
89. $(112 + 44 * 3) * 3 = ?$
90. $2010 - 333 + 22 = ?$
91. $(30 + 20 * 4) - (64 / 8) = ?$
92. $7 + 77 + 777 + 7777 = ?$
93. $700 - (12 * 12) - 56 = ?$

In dieser Rubrik geht es darum herauszufinden, welche Rechenzeichen (+ - * /) jeweils anstelle der Fragezeichen (?) in eine Aufgabe eingesetzt werden müssen, sodass das vorgegebene Ergebnis korrekt ist.

Legende: ?   Ist der Platzhalter für das erste Operationszeichen
           ??   Ist der Platzhalter für das zweite Operationszeichen
           ???   Ist der Platzhalter für das dritte Operationszeichen
           ????   Ist der Platzhalter für das vierte Operationszeichen

Beispiel: $49 ? 35 = 84$

Lösung: Hier müsste das Additionszeichen (+) anstelle des Fragezeichens eingesetzt werden, sodass die vorgegebene Lösung stimmt.

Bearbeitungszeit: 15 Minuten

94. $32 ? 3 = 96$
95. $256 ? 16 = 16$
96. $2 ? 3 ?? 4 = 24$
97. $(15 ? 7 ?? 2) ??? 3 = 26$
98. $99 ? 9 ?? 20 ??? 10 = 60$
99. $(8 ? 5 ?? 60) ??? 100 = 0$
100. $10 ? 20 ?? 30 ??? 40 ???? 10 = 90$
101. $(2 ? 4 ?? 8) ??? 64 ???? 1 = 1$
102. $(10 ? 100 ?? 0) ??? 0 ???? 90 = 200$

O)   **Beobachtungsgabe: Welches Zeichen ist anders in einer Reihe?**

In dieser Rubrik wird deine Beobachtungsgabe überprüft. Dabei gilt es möglichst schnell zu erkennen, welches Zeichen in einer vorgegebenen Reihe von der Originalreihe abweicht?

Beispiel: Angenommen, folgende Originalreihe sei vorgegeben:

DSFLÖKÖLFKÖLWEIROPIEWPORIPOEIPOKFÖLDKFÖLKDÖLWPUI

Hier nun die zu überprüfende Reihe:

DSFLÖKÖLFKÖLWEIROPIEWPORIPOEIPOKFÖLDKEÖLKDÖLWPUI

Lösung: Hier wurde der Buchstabe „F" durch ein „E" ausgetauscht.

DSFLÖKÖLFKÖLWEIROPIEWPORIPOEIPOKFÖLDK**E**ÖLKDÖLWPUI

Bearbeitungszeit: 2 Minuten

103.   HJKLRWRUIOUTOIERTIOETCFDGLKLÖFDGKDFGLÖKFDLD
HJKLRWRUIOUTOIERTIOETCFDGLKIÖFDGKDFGLÖKFDLD

104.   XCVBNMSDHJFKWERIOFKGLÖERTPÜQWZEUIDFSNMDFHJ
XCVBNMSDHJFKWFRIOFKGLÖERTPÜQWZEUIDFSNMDFHJ

105.   QWERZTASGDHJDSNMFDGKLÖLÜPOERTLKJDFSLKJSDFDF
QWERZTASGDHJDSNMFDGKLOLÜPOERTLKJDFSLKJSDFDF

106.   MNBXSDFJKLPOIWERÖLKÖLKÖLKSDFIOPEWRASDGHJDH
MNBXSDFJKLPOIWERÖLKÖLKÖLKSDFIOPEWNASDGHJDH

107. UZTWEROIUERTLKJFDGKJHSDFJHGASDOIUERIEROWEIR
UZTWEROIUERFLKJFDGKJHSDFJHGASDOIUERIEROWEIR

108. MNBGREKJHTOIUWERZUISDFLKJTRPOSDHJKDFUIOERI
MNBGREKJHTOIUWERZUISDFLKJTRQOSDHJKDFUIOERI

109. ÖLKJSDFPOIEWRKJHSNBVYXCJHGSDFZUIEWRZUIEREU
ÖLKJSDFPOIEWRKJHTNBVYXCJHGSDFZUIEWRZUIEREU

110. ÜPOIERTLKJHSDFHJKWERZUIQEZUIQWETZUERTZWERZ
ÜPOIERTLKJHSDFHJKWERZUIQEZUIQWETZUERTXWERZ

111. JHGFSDMNBVYXCGHJWERZUIERTOIUGDLFKJFSDFHJKJB
JHGFSDMNBVYXCGHJWERZUIERTOIUGDLFKJFSDFFJKJB

P)   Merkfähigkeit: Wörter / Zahlen einprägen

In der folgenden Rubrik geht es darum, dass du dir möglichst schnell viele vorgegebene Begriffe einprägst, zu denen dann anschließend einige Fragen gestellt werden.

Beispiel: Angenommen, es sei folgende Tabelle mit Begriffen vorgegeben:

Zeit zum Einprägen: 2 Minuten. Bitte erst nach der Einprägezeit umblättern.

Lebensmittel	Automarke	Unterrichtsfach	Mädchenname
Brot	BMW	Physik	Barbara
Käse	OPEL	Englisch	Iris
Wurst	FORD	Kunst	Heike
Marmelade	MERCEDES	Musik	Sandra

Frage: In welcher Rubrik beginnt ein Begriff mit dem Buchstaben
           „H"?

Lösung: In der Rubrik „Mädchenname" beginnt der Begriff „Heike"
           mit dem Buchstaben „H".

112.

Musikinstrument	Werkzeug	Land	Unterrichtsfach
Klavier	Hammer	Italien	Mathematik
Geige	Meißel	Japan	Deutsch
Blockflöte	Schraubenzieher	Türkei	Sport
Gitarre	Zange	Iran	Musik

Zeit zum Einprägen: 2 Minuten. Bitte erst nach der Einprägezeit
umblättern.

112 a) Welche Musikinstrumente beginnen mit dem Buchstaben „G"?

112 b) Welches Werkzeug enthält genau drei Vokale?

112 c) Welches Land hat als letzten Buchstaben nicht das „n"?

112 d) Welches Unterrichtsfach besteht aus genau sieben Buchstaben?

Bearbeitungszeit: 2 Minuten

113.

Spiel	Fernsehsender	Verkehrsmittel	Fluss	Gebäude
Schach	ZDF	Fahrrad	Rhein	Reihenhaus
Mau Mau	RTL	Motorrad	Weser	Fernsehturm
Halma	ARD	Schiff	Elbe	Hochhaus
Superhirn	ARTE	Flugzeug	Donau	Stadion
Monopoly	VOX	Auto	Mosel	Stall
Skat	WDR	Dreirad	Neckar	Bunker
Mühle	BR	U-Bahn	Wupper	Konzerthaus

Einprägezeit: 3 Minuten. Bitte erst umblättern, nachdem die Einprägezeit vorbei ist.

113 a) Wie heißt das Spiel mit dem Anfangsbuchstaben „H"?

113 b) Welcher Fernsehsender hat als letzten Buchstaben das „l"?

113 c) Welches Verkehrsmittel steht in der 4. Zeile (ohne Überschrift)?

113 d) Welcher Flussname endet mit dem Buchstaben „u"?

113 e) Welches Gebäude steht in der 1. Zeile (ohne Überschrift)?

113 f) Wie heißen die drei Spiele, die jeweils mit dem Anfangsbuchstaben
„S" beginnen?

Bearbeitungszeit: 3 Minuten

114.

Natürliche Zahlen: Das sind alle Zahlen, die größer als 0 sind, und die keine
Nachkommastellen haben, wie z. B.: 1 – 2 – 3 – 4 – usw.

Primzahlen: Das sind alle Zahlen, die nur durch sich selbst und durch 1
ohne Rest geteilt werden können: 2 – 3 – 5 – 7 – 11 – 13 – 17 usw.

Quadratzahlen: Das sind alle Zahlen, die mit sich selbst multipliziert
werden, wie z. B.: 1 x 1 = **1**; 2 x 2 = **4**; 3 x 3 = **9**; 4 x 4 = **16** usw.

Natürliche Zahlen	Primzahlen	Quadratzahlen
34	5	36
17	19	100
99	7	4
24	17	9
76	2	49
90	13	1
50	23	64
49	3	16
63	29	81
11	11	25

Einprägezeit: 12 Minuten. Bitte erst umblättern, nachdem die Einprägezeit vorbei ist.

114 a) Welche Quadratzahl ist als einzige identisch mit einer der genannten Natürlichen Zahlen?

114 b) Welche der genannten Primzahlen taucht nicht in der Tabelle auf?
17 – 29 – 31

114 c) Wie lauten die beiden „Schnapszahlen" in der Rubrik der Natürlichen Zahlen? (*Schnapszahlen*: Das sind Zahlen, die komplett nur aus gleichen Ziffern bestehen, wie z. B.: 111, 222 usw.)

114 d) Wie lautet die Quadratzahl, die mit der Ziffer 8 beginnt?

114 e) Welche Primzahl steht in der dritten Zeile (ohne Überschriftszeile)?

114 f) Wie lauten die zwei Natürlichen Zahlen, die jeweils mit der Ziffer 1 beginnen?

114 g) Welche Quadratzahl steht in der siebten Zeile (ohne Überschriftszeile)?

114 h) Welche der genannten Primzahlen hat die Quersumme 11?

Erläuterung zum Begriff „*Quersumme*":

Die Quersumme einer Zahl kannst du ermitteln, indem du alle Ziffern einer mehrstelligen Zahl addierst.

Beispiel: Angenommen, die Zahl lautet 725.

Dann ergibt sich hier die Quersumme: $7 + 2 + 5 = 14$.

Bearbeitungszeit: 5 Minuten

Q) Merkfähigkeit: Begriffe merken

Auch in der folgenden Rubrik geht es darum, dass du dir möglichst viele Begriffe in möglichst kurzer Zeit einprägst. Anschließend werden dann Fragen zu den zuvor eingeprägten Begriffen bzw. zu deren Positionen innerhalb der jeweiligen Tabelle gestellt.

Beispiel:

Pappel	Schumann	Quark	Tanne
Kunst	Chemie	Buche	Informatik
Beethoven	Erdbeeren	Philosophie	Schubert
Spanisch	Erle	Dinkelbrot	Trauerweide
Marmelade	Chopin	Mahler	Gemüse

Einprägezeit: 3 Minuten

Nachdem du dann die obige Tabelle abgedeckt hast, sollten folgende Fragen beantwortet werden:

- In welcher Spalte befindet sich das Schulfach mit dem Anfangsbuchstaben „C"?
- In welchen Spalten befinden sich zwei Namen von berühmten Komponisten, deren Anfangsbuchstaben ein „S" sind?
- Welches Lebensmittel wird in der vierten Spalte genannt?
- In der wievielten Zeile befindet sich das Schulfach mit dem Anfangsbuchstaben „P"?

Lösungen:

- Das Schulfach Chemie befindet sich in der zweiten Spalte.
- Die Komponisten Schumann und Schubert befinden sich in den

Spalten zwei und vier.
- Das Lebensmittel in der vierten Spalte ist Gemüse.
- Das Schulfach mit dem Anfangsbuchstaben „P" (Philosophie) befindet sich in der dritten Zeile.

115.

Rotkäppchen	Auge	Patricia	Fahrrad	Iris
Afrika	Flugzeug	Nelke	blau	ICE
gelb	Ole	Rapunzel	Australien	Herz
Fuß	grün	Hand	Nase	Jenny
Rose	Europa	Rot	Boot	schwarz
Benny	Rumpelstilzchen	Simone	Nordamerika	Noah
Bus	Südamerika	Tretroller	Tulpe	Froschkönig
grau	Mund	Asien	Magen	Arktis

Einprägezeit: 12 Minuten

Bitte erst umblättern, nachdem die Einprägezeit abgelaufen ist.

115 a) In der wievielten Zeile befindet sich der Name „Noah"?

115 b) Welche Verkehrsmittel werden in der vierten Spalte genannt?

115 c) In welcher Zeile wird der Kontinent „Europa" genannt?

115 d) Welche Farbe wird in der zweiten Spalte genannt?

115 e) Wie heißt das Märchen in der ersten Zeile?

115 f) Welche Wörter in der vierten Spalte beginnen mit „b oder B"?

115 g) Welches Verkehrsmittel wird in der fünften Spalte genannt?

115 h) Welches Wort der zweiten Spalte beginnt mit „S"?

115 i) Welche Blume wird in der ersten Spalte genannt?

115 j) Welche drei Körperteile werden in der vierten Zeile genannt?

Bearbeitungszeit: 4 Minuten

R) Merkfähigkeit: Adressen merken

In dieser Rubrik geht es darum, dass du dir zunächst folgende Adressen (komplett) einprägst. Anschließend werden verschiedene Fragen zu bestimmten Details gestellt, die du dann aus deinem Gedächtnis beantworten sollst.

Bitte beachte, dass du erst auf die nächste Seite umblätterst nachdem die Einprägezeit von insgesamt 15 Minuten vollständig abgelaufen ist.

116.

Hannah Schäfer, 12 Jahre **Hobby: Reiten** **Mendelstraße 5** **40200 Düsseldorf**	**Leon Zack, 10 Jahre** **Hobby: Judo** **Prinzengasse 12** **80340 München**
Sophia Schulz, 8 Jahre **Hobby: Reiten** **Karlstraße 55** **10540 Berlin**	**Luis Krall, 8 Jahre** **Hobby: Schwimmen** **Siebelstraße 71** **40230 Düsseldorf**
Clara Ecker, 10 Jahre **Hobby: Malen** **Zollhausstraße 26** **50280 Köln**	**Noah Weidmann, 9 Jahre** **Hobby: Schach** **Goethestraße 77** **60450 Frankfurt**
Leni Sammer, 11 Jahre **Hobby: Lesen** **Glemer Weg 10** **70200 Stuttgart**	**Luca Fischer, 11 Jahre** **Hobby: Modellbauen** **Zapfstraße 43** **30560 Hannover**
Frieda Müller, 9 Jahre **Hobby: Kochen** **Florastraße 92** **51080 Köln**	**Henry Schwarz, 12 Jahre** **Hobby: Gärtnern** **Waldstraße 5** **10520 Berlin**

116 a) Welche Person wohnt in der Siebelstraße 71?

116 b) Wie alt ist Frieda Müller?

116 c) Welches Hobby hat Henry Schwarz?

116 d) In welcher Straße wohnt Sophia Schulz?

116 e) Wer wohnt in 50280 Köln?

116 f) In welcher Stadt (inkl. PLZ) wohnt Noah Weidmann?

116 g) Welcher Schüler ist 10 Jahre alt?

116 h) Wie lautet der Name der Schülerin, die Lesen als Hobby nennt?

116 i) Wer wohnt in der Zapfstraße 43?

116 j) Welches Hobby hat Hannah Schäfer?

Bearbeitungszeit: 5 Minuten

S) Merkfähigkeit: Texte einprägen, anschließend Fragen beantworten

In der folgenden Rubrik geht es darum, dass du dir zunächst einen vorgegebenen Text innerhalb einer vorgegebenen Zeit (4 Minuten) einprägst. Anschließend blätterst du bitte um zu den Fragen, die du dann detailliert beantworten solltest.

117. Bundesdeutscher Kreativitätswettbewerb für Schüler*innen 2022

Der diesjährige Kreativitätswettbewerb wurde in insgesamt fünf Disziplinen ausgetragen. Die meisten Teilnehmer*innen gab es im Teilbereich „Kreatives Lernen". Insgesamt nahmen 425 Schüler*innen in der Altersklasse von 8 – 12 Jahren am Wettbewerb teil. Einsendeschluss zum Einreichen neuer, kreativer Ideen war der 30. Juni 2022. Die meisten Teilnehmer*innen gab es aus den folgenden drei Bundesländern: Nordrhein-Westfalen, Bayern und Sachsen. Eine Jury, bestehend aus insgesamt acht Lehrkräften, wählte aus den eingereichten Erfindungen die drei kreativsten Projekte aus. Die Schüler*innen hatten Vorschläge eingereicht aus den Bereichen: Verbesserungen im Alltag, Hilfsmittel für den Sport, Entwicklung neuer Spiele sowie Kreatives Lernen. Aufgrund der vielen, sehr kreativen Ideen fiel es der Jury nicht leicht, die Sieger*innen zu küren. Gewonnen hatte schließlich ein Projekt der Schüler*innen einer fünften Klasse eines Gymnasiums in Norderstedt. Die 11-jährige Miriam Welz und der ebenfalls 11-jährige Noah Sommer hatten in der schuleigenen Informatik-AG unter der Anleitung des Informatik-Lehrers, Dr. Ole Münch, ein Computerprogramm entwickelt, das Schüler*innen dabei hilft, alle Grundrechenarten trainieren zu können. Die Jury lobte besonders die pädagogisch wertvolle Gestaltung des Computerprogramms, dem die Sieger*innen den Namen „Rechenkönigin" gegeben hatten. Die Siegprämie betrug 2500 €. Von diesem Betrag spendeten die Sieger*innen 500 € an das Kinderhospiz „Letzte Tränen". In der Norderstedter Lokalzeitung wurde dieses Engagement besonders gelobt.

117 a) Wie viele Disziplinen gab es beim Kreativitätswettbewerb 2022?

117 b) In welchem Teilbereich gab es die meisten Teilnehmer*innen?

117 c) Wie viele Schüler*innen nahmen insgesamt teil?

117 d) Wann war der Einsendeschluss?

117 e) Aus welchen drei Bundesländern gab es die meisten Teilnehmer*innen?

117 f) Aus wie vielen Lehrkräften bestand die Jury?

117 g) Aus welcher Stadt kamen die Sieger*innen?

117 h) Wie heißen die beiden Sieger*innen?

117 i) Wie lautet der Name des Informatik-Lehrers?

117 j) Wie heißt das Computerprogramm der Sieger?

117 k) Wie hoch war das Preisgeld für die Sieger?

117 l) Wie lautet der Name des Kindeshospiz, an das 500 € gespendet wurde?

Bearbeitungszeit: 8 Minuten

T) Buchstabensalat

118) In der folgenden Tabelle sind insgesamt 4 Ländernamen und 4 Musik-instrumente versteckt. Die Wörter können entweder von rechts nach links, oder von oben nach unten, oder diagonal (d. h. von links oben nach rechts unten) angeordnet sein.

Bearbeitungszeit: 5 Minuten

E	Z	H	U	I	P	F	C	H	N	K	O	R	M	E
Q	G	Z	D	E	U	T	S	C	H	L	A	N	D	N
G	J	E	J	Ö	L	W	B	M	K	P	Ü	A	K	L
S	W	T	I	Q	B	M	K	I	L	F	S	Y	V	Ö
C	Q	P	Ü	G	B	M	L	D	C	R	E	X	F	K
M	T	N	V	C	E	S	A	Y	H	A	H	N	L	R
K	L	Ü	R	U	H	N	V	R	F	N	J	N	Ö	K
E	N	B	R	J	K	L	I	L	Ö	K	W	V	T	X
C	Ä	P	Z	K	V	E	E	J	I	R	R	N	E	M
R	E	H	K	L	E	Q	R	B	M	E	R	N	H	J
B	K	P	W	V	H	I	V	J	U	I	O	Ü	W	Ä
O	T	R	O	M	P	E	T	E	R	C	N	M	B	T
V	M	K	Z	U	Ö	Ü	W	N	M	H	C	V	R	T
M	I	P	E	W	B	I	T	A	L	I	E	N	N	T
V	H	I	K	W	L	Ü	E	Ä	T	B	J	T	M	W

119) In der folgenden Tabelle sind insgesamt 4 Obstarten und 4 Getränkearten versteckt. Die Wörter können entweder von rechts nach links, oder von oben nach unten, oder diagonal (d. h. von links oben nach rechts unten) angeordnet sein.

Bearbeitungszeit: 5 Minuten

G	K	W	L	O	Ä	R	V	B	N	Z	W	N	J	I
K	Ü	Q	B	L	M	K	I	E	W	I	N	H	I	Ö
E	N	K	Ö	R	I	B	V	Y	I	T	U	M	Ä	W
N	K	J	A	W	T	M	N	K	K	R	C	X	B	A
D	A	R	T	P	B	C	O	N	M	O	W	K	I	L
C	F	W	T	X	F	A	N	N	C	N	I	R	R	M
B	F	O	P	E	N	E	W	N	A	E	U	B	N	M
Q	E	N	I	L	P	E	L	W	B	D	N	Z	E	S
B	E	G	L	Ä	R	B	Ü	S	H	I	E	B	G	W
V	X	M	P	Ü	D	S	R	N	M	I	L	C	H	T
N	U	T	E	K	Ö	W	B	O	Ü	X	I	L	Ä	R
S	X	E	R	D	B	E	E	R	E	N	I	E	L	Ö
V	Ö	T	M	K	O	W	F	T	B	H	J	R	C	U
M	Q	P	Ä	S	C	W	A	S	S	E	R	V	T	R
M	E	I	L	Ö	T	V	O	A	X	K	O	K	T	F

U)   Oberbegriffe finden

In der folgenden Rubrik geht es darum herauszufinden, welche Begriffe in der linken Spalte jeweils passende Oberbegriffe zu den in der rechten Spalte genannten Wörtern sind?

Beispiel:

Wassersport	Barbara
Wetterphänomen	Zugspitze
Vorname	Segeln
Fluss	Wirbelsturm
Berg	Rhein

Hier wäre die korrekte Zuordnung wie folgt:

Wassersport	===>	Segeln
Wetterphänomen	===>	Wirbelsturm
Vorname	===>	Barbara
Fluss	===>	Rhein
Berg	===>	Zugspitze

120.

Farbe	Katze
Musikinstrument	Erzgebirge
Unterrichtsfach	Mandarinen
Sportart	Bruder
Gebirge	Bus
Märchen	Sport
Familienmitglied	Addition
Nahrungsmittel	Sandmännchen
Obst	Säge
Kindersendung im TV	blau
Haustier	Kugelschreiber
Verkehrsmittel	Die Bremer Stadtmusikanten
Werkzeug	Apfelsaft
Rechenart	Gitarre
Schreibgerät	Kartoffeln
Getränk	Handball

Bearbeitungszeit: 4 Minuten

121.

Süßigkeit	Chemie
Fluss	Pappel
Kleidungsstück	Beton
Begriff aus der Musik	Elbe
Himmelskörper	Krokodil
Möbelstück	Orthopädin
Blume	Australien
Baumart	Dur
Fernsehsender	Astrid Lindgren
Glücksspiel	Marzipan
Naturwissenschaft	Adler
Flugzeugtyp	Nelke
Facharztin	Orkan
Klebstoff	Rock
Schönes Gefühl	ARD
Kontinent	Sonne
Baustoff	Boeing 747
Vogel	Samstagslotto
Raubtier	Couch
Wetterphänomen	Prittstift
Kinderbuchautorin	Vertrauen

Bearbeitungszeit: 4 Minuten

V)   Passende Begriffe finden

In der folgenden Rubrik geht es darum, dass du zu einem vorgegebenen Oberbegriff aus einer Liste exakt nur solche Wörter herausfindest, die zu dem vorgegebenen Oberbegriff passen.

Beispiel:

Angenommen, der Oberbegriff lautet „Schule". Gegeben sei folgende Liste:

Schulhof – Lehrerin – Kino – Schulranzen – Federmäppchen – Schwimmbad – Sommerferien – Mitschülerin – Noten – Zeugnis – Fahrradsattel – Pausengong – Klassenarbeit – Erdbeereis – Schokolade – Lehrerpult – Lehrerzimmer – Nachhilfeunterricht – Reitsport - Aula

Hier lauten die korrekten Wörter, die allesamt dem Oberbegriff „Schule" zugeordnet werden können:

Schulhof, Lehrerin, Schulranzen, Federmäppchen, Sommerferien, Mitschülerin, Noten, Zeugnis, Pausengong, Klassenarbeit, Lehrerpult, Lehrerzimmer, Nachhilfeunterricht, Aula

122. Der vorgegebene Begriff lautet „Adjektive" (Wie-Wörter):

Gegeben ist folgende Liste:

schön – dick – laufen – eng – lesen – tanzen – spielen – fest – flüssig – raten – heiß – schlau – essen – trinken – wunderbar – hoch – liebevoll – fahren – rennen – gemein – hilfsbereit – hässlich – kalt – niesen – lernen – bequem – faul – sprechen – leise – kauen – windstill – scharf – schneiden – kämmen – ungeduldig – gelassen – schlafen – ausruhen – sorgfältig – übersichtlich – rätseln – ausdauernd – glücklich – hell – wandern – trainieren - erfolgreich

Bearbeitungszeit: 2 Minuten

123.

Es sollen alle Zahlen herausgefunden werden, die ohne Rest durch 3 teilbar sind.

Gegeben ist folgende Liste:

9 – 13 – 17 – 21 – 24 – 29 – 30 – 34 – 37 – 41 – 45 – 49 – 51 – 56 – 60 – 63 – 64 – 67 – 68 – 71 – 75 – 77 – 80 – 83 – 87 – 90 – 95 – 100 – 115 – 120 – 183 – 200 – 240 – 333 – 444 – 510 – 669 – 700 – 750 – 800 – 999

Bearbeitungszeit: 3 Minuten

W)   Schnell Wörter finden

In dieser Rubrik geht es darum zu vorgegebenen Ausgangsbedingungen möglichst viele Wörter aufzuschreiben.

Beispiel: Angenommen, die Ausgangsbedingung lautet:
Schreibe möglichst viele Wörter auf, die mit dem Anfangsbuchstaben B beginnen.

Dann könnte deine Liste z. B. wie folgt aussehen:

Baum – Bus – Bär – Brot – Buche – Bild – Bochum – Boot usw.

Hinweis: Zur Bearbeitung dieser Aufgabe darfst du einen Schreibblock verwenden.

124.   a)   Schreib' nun binnen einer Minute möglichst viele Wörter auf, die mit dem Buchstaben „F" beginnen.
b)   Schreib' bitte binnen einer Minute möglichst viele Wörter auf, deren zweiter Buchstabe ein „a" ist.
c)   Schreib' nun binnen einer Minute möglichst viele Adjektive auf, deren Anfangsbuchstabe ein „s" ist.

X)   Sinnlose Silben

In dieser Rubrik geht es darum, dass du dir möglichst viele „sinnlose"
Silben einprägst, die dann anschließend – nach einer dreiminütigen
Wartezeit – überprüft werden. Sinn und Zweck dieser Aufgabe ist es, deine
Gedächtnisfunktion zu überprüfen.

125.   Präge dir bitte zunächst möglichst viele der nachfolgenden
         Silben ein. Für diesen Einprägevorgang stehen dir insgesamt
         fünf Minuten zur Verfügung.

ghj	rtz	jjl
wrr	tzt	hjk
dfg	kjh	wsc
qsc	ppl	wwt
vvb	nmn	xxc
ukk	qqk	ztz
bvc	xyx	ttm
ftb	ppw	njj
wxc	rnz	qmq
vvx	zhg	bpb

Nachdem die fünf Minuten Einprägezeit zzgl. der Wartezeit von drei
Minuten vorbei sind, blätterst du bitte um auf die nächste Seite.

Bitte achte unbedingt darauf, dass du während der Wartezeit keinen Blick
mehr auf die vorherige Tabelle mit den sinnlosen Silben wirfst; das ist
ausdrücklich so gewollt.

Markiere nun in der folgenden Tabelle genau die zehn Silben, die in der vorherigen Tabelle tatsächlich vorgekommen sind.

Bearbeitungszeit: 3 Minuten

uur	ppl	yop
llk	kks	hjk
wii	wmj	aik
dfg	qqk	xxc
oop	wpl	lld
tli	qkv	wmj
rrm	soi	doi
qiq	emb	sin
ukk	rnz	fkh
tzt	nmn	njj

Y) Merkfähigkeit

In der folgenden Rubrik wird deine Merkfähigkeit getestet. Zunächst solltest du dir möglichst viele Informationen binnen drei Minuten einprägen.

Anschließend deckst du hier die Aufgabe 126 ab, und beantwortest dann alle weiter unten gestellten Fragen.

126. Adjektive   : schön – gut – schnell – groß – dick – schlau

Verben: : gehen – hüpfen – lesen – raten – spielen

Nomen   : Baum – Bus – Mensch – Pflanze – Schule

Städte   : Köln – Hamburg – Berlin – Dresden – Bonn

Flüsse   : Rhein – Elbe – Weser – Donau – Wupper

Zahlen   : 2 – 3 – 6 – 11 – 12 – 16 – 19 – 38 – 40 – 45

Namen   : Sahra – Noah – Hermine – Ole – Sandra

Bearbeitungszeit für alle folgenden Teilaufgaben: 3 Minuten

a)   Welche Adjektive beginnen mit dem Buchstaben „g"?
b)   Welches Verb enthält den Umlaut „ü"?
c)   Wie viele Nomen enthalten den Buchstaben „u"?
d)   Welche beiden Städtenamen beginnen mit „B"?
e)   Welcher Fluss beginnt mit einem Vokal?
f)   Wie viele gerade Zahlen kommen in der Zahlenreihe vor?
g)   Welche Namen enden mit dem Buchstaben „e"?
h)   Welches Verb enthält drei Vokale?
i)   Welcher Städtename enthält genau sechs Buchstaben?
j)   Welche beiden Namen enthalten jeweils zweimal den Buchstaben „a"?

Z)   Sudoku

In dieser Rubrik soll ein Sudoku möglichst schnell gelöst werden.

Zielvorgabe: Sinn und Zweck des folgenden Sudokus ist es, dass in jeder
Zeile sowie in jeder Spalte, und zudem in jedem einzelnen
3 x 3 Quadrat jede der Ziffern von 1 bis 9 exakt einmal
vorkommt. In keiner Zeile, keiner Spalte und keinem
3 x 3 Quadrat dürfen einzelne Ziffern mehrfach vorkommen;
und es darf zudem keine Ziffer fehlen.

Bearbeitungszeit: 15 Minuten

127.

1		5		8				6
				4	3	7		
	4		5		7		9	
4	9		8		1		2	3
	6	8		9		1	4	
5	3		4		2		6	8
	5		9		4		7	
		4		5				
3			7	2		6		4

B1   Wortkombinationen

Die folgenden Wortkombinationen stehen in einer ganz bestimmten Beziehung zueinander. Deine Aufgabe ist es, herauszufinden, welches der jeweils angebotenen Wörter auf der rechten Seite der „Gleichung" anstelle des Fragezeichens eingesetzt werden muss, sodass die auf der rechten Seite beschriebene Beziehung die gleiche ist, wie die Beziehung auf der linken Seite.

Beispiel: Angenommen, es ist folgende Wortkombination vorgegeben:

Auto : Straße = Flugzeug : ?

a)   Wasser
b)   Autobahn
c)   Luft
d)   Feldweg
e)   Schiene

Hier wäre die korrekte Lösung unter dem Buchstaben c (Luft) zu finden.

Begründung: Ein Auto fährt üblicherweise auf einer Straße. Demnach benötigt ein Flugzeug üblicherweise die Luft zum Fliegen.

B1-1:   Blume : Tulpe = Getränk : ?

a)   Pommes Frites
b)   Wasserglas
c)   Lebensmittel
d)   Apfelsaft
e)   Restaurant

B1-2:   Beruf : Lehrerin = Möbelstück : ?

a)   Hammer
b)   Sessel
c)   Fenster
d)   Wohnung
e)   Möbelwagen

B1-3:   Spielzeug: Ball = Wald : ?

a)   Jäger
b)   Dunkelheit
c)   Holzfäller
d)   Baum
e)   Hirsch

B1-4:   Lesen : Buch = Schreiben : ?

a)   Autorin
b)   Schreibpapier
c)   Bücherei
d)   Tinte
e)   Buchhandlung

B1-5:   200 : 50 = 1000 : ?

a)   150
b)   250
c)   100
d)   500
e)   200

B2   Gegenteiliges finden

Bei den folgenden Testaufgaben geht es darum, dass du zu einem vorgegebenen Begriff aus einer vorgeschlagenen Liste genau das Wort findest, das am ehesten dem Gegenteil des vorgegebenen Wortes entspricht.

Beispiel: Angenommen, das vorgegebene Wort lautet „laut".

Welches Wort aus der folgenden Liste entspricht am ehesten dem Gegenteil von „laut"?

a)   bescheiden
b)   entspannt
c)   leise
d)   zurückhaltend
e)   zart

Hier wäre die richtige Lösung: „leise".

Zur Begründung: Das vorgegebene Wort „laut" hat damit zu tun, dass ein hörbares, deutlich wahrnehmbares Geräusch erzeugt wird, bei dem das Geräusch durch eine vergleichsweise große Energie in den transportierten Schallwellen entsteht. Das Gegenteil, „leise", meint, dass die Energie in den transportierten Schallwellen entsprechend geringer ist, sodass ein als *leise* wahrzunehmendes Geräusch entsteht.

B2-1 Das vorgegebene Wort lautet „gehen".

Welches Wort aus der folgenden Liste entspricht am ehesten dem Gegenteil von „gehen"?

a) tanzen
b) sitzen
c) anhalten
d) stehen
e) laufen

B2-2 Das vorgegebene Wort lautet „egoistisch".

Welches Wort aus der folgenden Liste entspricht am ehesten dem Gegenteil von „egoistisch"?

a) sanftmütig
b) demütig
c) gütig
d) altruistisch
e) freundlich

B2-3 Das vorgegebene Wort lautet „Feigheit".

Welches Wort aus der folgenden Liste entspricht am ehesten dem Gegenteil von „Feigheit"?

a) Wut
b) Forschheit
c) Heldentum
d) Kampflust
e) Mut

B2-4   Das vorgegebene Wort lautet „konkret".

Welches Wort aus der folgenden Liste entspricht am ehesten dem Gegenteil
von „konkret"?

a)   absurd
b)   abstrakt
c)   undeutlich
d)   abwegig
e)   unklar

B2-5   Das vorgegebene Wort lautet „Angst".

Welches Wort aus der folgenden Liste entspricht am ehesten dem Gegenteil
von „Angst"?

a)   Zutrauen
b)   Mut
c)   Bravour
d)   Zuversicht
e)   Sorglosigkeit

B3   Mathematische Knobelaufgaben

B3-1   Münzen verteilen

Tina, Max, Jessica und Tom verteilen Münzen, die sie bei einem Spiel gewonnen haben. Tom hat mehr Münzen bekommen als Tina, jedoch weniger als Jessica. Tina hat mehr Münzen erhalten als Max. Wer hat die meisten Münzen gewonnen?

B3-2   Münzen verteilen

Sahra, Noah, Thomas und Tülay verteilen insgesamt 31 Münzen. Sahra bekommt drei Mal so viele Münzen wie Thomas, der drei Münzen erhält. Noah bekommt zwei Münzen weniger als Sahra. Wie viele Münzen erhält Tülay demnach insgesamt?

B3-3   Münzen verteilen

Marie, Robert, Jenny und Armin verteilen insgesamt 38 Münzen. Die wenigsten Münzen bekommt Armin, der nur halb so viele Münzen bekommt wie Robert, der für sich zehn Münzen erhält. Jenny bekommt zwei Münzen weniger als Robert. Wie viele Münzen bekommt dann Marie insgesamt?

B3-4   Wer hat wann Geburtstag?

Finde für alle vier genannten Kinder anhand der Angaben heraus, wer in welchem Monat Geburtstag hat. Moritz hat im ersten Frühlingsmonat Geburtstag. Mia hat zwei Monate vor Sascha Geburtstag, der im ersten Wintermonat seinen Geburtstag feiert. Hannah hat drei Monate später Geburtstag als Moritz.

B3-5   Wer hat wann Geburtstag?

Finde für alle vier genannten Kinder anhand der Angaben heraus, wer in welchem Monat Geburtstag hat. Susi hat im vorletzten Monat des Jahres Geburtstag. Antonia hat zwei Monate später Geburtstag als Susi. Bodo hat zwei Monate später Geburtstag als Bernd, der im zweiten Sommermonat seinen Geburtstag feiert.

B3-6   Wer hat wann Geburtstag?

Finde für alle vier genannten Kinder anhand der Angaben heraus, wer in welchem Monat Geburtstag hat. Angela hat im letzten Sommermonat Geburtstag. John hat sechs Monate vor Angela Geburtstag. Ramona hat zwei Monate nach John Geburtstag, und einen Monat vor Nick.

B3-7 Zahlen finden

Susi sagt: „Wenn du vom Dreifachen meiner gedachten Zahl das Fünffache von 10 subtrahierst, dann erhältst du meine gesuchte Zahl. Wie lautet die Zahl, die ich mir ausgedacht habe?"

B3-8 Zahlen finden

Ole sagt: „Wenn du die kleinste zweistellige Zahl mit sich selbst multiplizierst, und dann das Produkt der Zahlen 4 und 11 addierst, erhältst du eine Zahl, die dem Produkt entspricht, wenn du meine ausgedachte Zahl mit sich selbst multiplizierst. Wie heißt meine gesuchte Zahl?"

B3-9 Zahlen finden

Tülay sagt: „Wenn du die Zahl, die ich mir ausgedacht habe, insgesamt neunmal mit sich selbst multiplizierst, dann erhältst du eine Zahl, die genau einem Viertel der Zahl 4096 entspricht. Wie heißt meine gesuchte Zahl?"

Lösungen

A)   Sprachliche Intelligenz: Welches Wort passt nicht?

1. Bleistift (ist kein Möbelstück)
2. Elefant (kann nicht fliegen)
3. Fernsehturm (ist zumeist kein Wohnort für Menschen)
4. Apfel (ist kein Gemüse, sondern Obst)
5. Skat (ist kein Brettspiel, sondern ein Kartenspiel)
6. Kevin (ist kein Mädchenname, sondern ein Jungenname)
7. Braunbär (lebt vorwiegend auf dem Land, nicht im Wasser)
8. Zuckerfest (ist kein christliches, sondern ein muslimisches Fest)

B)   Sprachliche Intelligenz: Gleiche Wortbedeutung?

9. dreckig
10. flott
11. lecker
12. kreieren
13. teilnehmen
14. schmal
15. ordentlich
16. ausruhen

C)   Sprachliche Intelligenz: Buchstabensalat

17.   Drachen
18.   Schwimmbad
19.   Playstation
20.   Nachhilfe
21.   Abenteuer
22.   Schaukel

23. Zauberer
24. Riesenrad
25. Flughafen
26. Weltall

D) Sprachliche Intelligenz: Buchstabengruppen

27. RSTUV (Kein 2-er Abstand nach 3. Buchstaben)
28. KLMNO (Nur 1-er Abstand zwischen den Buchstaben)
29. ZYXWV (Absteigende Sortierung)
30. KWXYZ (1. Buchstabe ist kein Vokal)

E) Sprachliche Intelligenz: Buchstabenreihen

31. u (jeweils viertnächster Buchstabe)
32. h (jeweils zwei aufeinanderfolgende Buchstaben, dann eine Lücke von einem Buchstaben)
33. w (jeweils der zweitnächste Buchstaben nach dem nächsten Vokal)
34. p (jeweils der drittnächste Buchstabe)
35. u (alphabetisch absteigende Sortierung)

F) Logisches Denken: Analogien

36. Monat
37. Baum
38. Uhr
39. Orthopäde
40. Augen
41. Frankreich
42. Sprache

43.   Spielkarten

G)   Logisches Denken: Schlussfolgerungen

44.   Turm C
45.   Sebnem
46.   Sonja
47.   Film B
48.   Stadt A
49.   Max
50.   Computerspiel D

H)   Logisches Denken: Zahlenreihen ergänzen

51.   Berechnungsschema: +4
       Gesuchte Zahl: 24
52.   Berechnungsschema: *3 +1 (wiederholend)
       Gesuchte Zahl: 40
53.   Berechnungsschema: *2 +5 -3
       Gesuchte Zahl: 10
54.   Berechnungsschema: jeweils größte 1-stellige/2-stellige/
                           3-stellige/4-stellige/5-stellige Zahl
       Gesuchte Zahl: 99999
55.   Berechnungsschema: *3 *4 *5 (wiederholend)
       Gesuchte Zahl: 3600
56.   Berechnungsschema: :4
       Gesuchte Zahl: 4
57.   Berechnungsschema: +1 +2 +3 +4 +5 +6 +7 usw.
       Gesuchte Zahl: 29
58.   Berechnungsschema: +9 *2 -4
       Gesuchte Zahl: 46

I)   Logisches Denken: Silbenrätsel

59.   Filzstift – Telefon – Turnhalle
60.   Melone – Bibliothek – Supermarkt
61.   Pferdestall – Aquarium – Seeadler
62.   Zeichentrickfilm – Pizza – Backofen
63.   Konzert – Wachsmalstift – Puppe

J)   Logisches Denken: Wochentage

64.   Samstag
65.   Freitag
66.   Sonntag
67.   Dienstag
68.   Donnerstag

K)   Logisches Denken: Unmögliches erkennen

69.   b   (dazu wäre ein Pilotenschein nötig)
70.   d   (ein Planet, ist ein Bestandteil des Universums,
              und kann somit nicht größer als das Ganze sein)
71.   b   99 : 5 = 19 mit einem Rest von 4
72.   c   Einem Tapir fehlen die körperlichen Voraussetzungen
              zum Klavierspielen.
73.   e   Ein Fahrrad benötigt einen festen Untergrund zum
              Fahren.

L)   Logisches Denken: Meinung oder Tatsache?

74.   Tatsache
75.   Tatsache

76.	Meinung
77.	Tatsache
78.	Tatsache
79.	Meinung
80.	Meinung
81.	Tatsache
82.	Tatsache
83.	Meinung

M) Mathematische Fähigkeiten: Kopfrechnen

84.	45
85.	90
86.	208
87.	32
88.	61
89.	732
90.	1699
91.	102
92.	8638
93.	500

N) Mathematische Fähigkeiten: Rechenzeichen einsetzen

94.	*			
95.	/			
96.	*	*		
97.	+	*	-	
98.	-	-	-	
99.	*	+	-	
100.	+	+	+	-
101.	*	*	-	+

102. + - - +

O) Beobachtungsgabe: Welches Zeichen ist anders in einer Reihe?

103. I
104. F
105. O
106. N
107. F
108. Q
109. T
110. X
111. F

P) Merkfähigkeit: Wörter einprägen, falsche Wörter identifizieren

112 a) Geige, Gitarre
112 b) Meißel
112 c) Türkei
112 d) Deutsch

113 a) Halma
113 b) RTL
113 c) Flugzeug
113 d) Donau
113 e) Reihenhaus
113 f) Schach, Superhirn, Skat

114 a) 49
114 b) 31
114 c) 11, 99
114 d) 81
114 e) 7

114 f) 11, 17
114 g) 64
114 h) 29

Q)   Merkfähigkeit: Begriffe merken

115 a) 6. Zeile
115 b) Fahrrad, Boot
115 c) 5. Zeile
115 d) grün
115 e) Rotkäppchen
115 f) blau, Boot
115 g) ICE
115 h) Südamerika
115 i) Rose
115 j) Fuß, Hand, Nase

R)   Merkfähigkeit: Adressen merken

116 a) Luis Krall
116 b) 9 Jahre
116 c) Gärtnern
116 d) Karlstraße 55
116 e) Clara Ecker
116 f) 60450 Frankfurt
116 g) Leon Zack
116 h) Leni Sammer
116 i) Luca Fischer
116 j) Reiten

S)   Merkfähigkeit: Texte einprägen, anschließend Fragen beantworten

117 a) 5 Disziplinen
117 b) Kreatives Lernen
117 c) 425 Schüler*innen
117 d) 30. Juni 2022
117 e) Nordrhein-Westfalen, Bayern, Sachsen
117 f) 8 Lehrkräfte
117 g) Norderstedt
117 h) Miriam Welz, Noah Sommer
117 i) Dr. Ole Münch
117 j) Rechenkönigin
117 k) 2500 €
117 l) „Letzte Tränen"

T)   Buchstabensalat

118.   Für jedes korrekt gefundene Wort gibt es 1 Punkt.
Ländernamen: Frankreich – Deutschland – Türkei - Italien
Musikinstrumente: Klavier – Trompete – Geige - Flöte

119.   Für jedes korrekt gefundene Wort gibt es 1 Punkt,
Obstarten: Apfel – Birne – Erdbeere – Zitrone
Getränkenamen: Limonade – Wasser – Kaffee – Milch

U)   Oberbegriffe finden

120. Farbe   :   blau
      Musikinstrument   :   Gitarre
      Unterrichtsfach   :   Sport
      Sportart   :   Handball
      Gebirge   :   Erzgebirge
      Märchen   :   Die Bremer Stadtmusikanten
      Familienmitglied   :   Bruder

Nahrungsmittel	:	Kartoffeln
Obst	:	Mandarinen
Kindersendung im TV	:	Sandmännchen
Haustier	:	Katze
Verkehrsmittel	:	Bus
Werkzeug	:	Säge
Rechenart	:	Addition
Schreibgerät	:	Kugelschreiber
Getränk	:	Apfelsaft

121.
Süßigkeit	:	Marzipan
Fluss	:	Elbe
Kleidungsstück	:	Rock
Begriff aus der Musik	:	Dur
Himmelskörper	:	Sonne
Möbelstück	:	Couch
Blume	:	Nelke
Baumart	:	Pappel
Fernsehsender	:	ARD
Glücksspiel	:	Samstagslotto
Naturwissenschaft	:	Chemie
Flugzeugtyp	:	Boeing 747
Fachärztin	:	Orthopädin
Klebstoff	:	Prittstift
Schönes Gefühl	:	Vertrauen
Kontinent	:	Australien
Baustoff	:	Beton
Vogel	:	Adler
Raubtier	:	Krokodil
Wetterphänomen	:	Orkan
Kinderbuchautorin	:	Astrid Lindgren

V)   Passende Begriffe finden

122.   schön – dick – eng – fest – flüssig – heiß – schlau – wunderbar –
        hoch – liebevoll – gemein – hilfsbereit – hässlich – kalt – bequem –
        faul – leise – windstill – scharf – ungeduldig – gelassen – sorgfältig -
        übersichtlich – ausdauernd – glücklich

123.   9 – 21 – 24 – 30 – 45 – 51 – 60 – 63 – 75 – 87 – 90 – 120 – 183 –
        240 – 333 – 444 – 510 – 669 – 750 – 999

W)   Schnell Wörter finden

124.   Hier ist die jeweilige Lösung selbsterklärend.

X)   Sinnlose Silben

125.   dfg – ukk - tzt – ppl – nmn – qqk – rnz – hjk – xxc - njj

Y)   Merkfähigkeit

126.   a)   gut, groß
        b)   hüpfen
        c)   3 Nomen: Baum, Bus, Schule
        d)   Berlin, Bonn
        e)   Elbe
        f)   6 Zahlen: 2 – 6 – 12 – 16 – 38 – 40
        g)   Hermine, Ole
        h)   spielen
        i)   Berlin
        j)   Sahra, Sandra

Z)   Sudoku

127.

1	7	5	2	8	9	4	3	6
9	8	2	6	4	3	7	1	5
6	4	3	5	1	7	8	9	2
4	9	7	8	6	1	5	2	3
2	6	8	3	9	5	1	4	7
5	3	1	4	7	2	9	6	8
8	5	6	9	3	4	2	7	1
7	2	4	1	5	6	3	8	9
3	1	9	7	2	8	6	5	4

Lösungen zu den Bonus-Aufgaben:

B1-1: Apfelsaft

B1-2: Sessel

B1-3: Baum

B1-4: Schreibpapier

B1-5: 250

B2-1: anhalten

B2-2: altruistisch

B2-3: Mut

B2-4: abstrakt

B2-5: Zuversicht

B3-1: Tina hat 5 Münzen, Max hat 2 Münzen, Tom hat 7 Münzen, Jessica hat die meisten Münzen bekommen, nämlich genau 10.

B3-2: Thomas bekommt 3 Münzen. Sahra hat drei Mal so viele Münzen wie Thomas, also 9. Noah bekommt 7 Münzen, sodass Tülay die meisten Münzen, nämlich 12, bekommt.

B3-3: Robert bekommt 10 Münzen. Demnach erhält Armin nur 5 Münzen. Jenny bekommt zwei Münzen weniger als Robert, also 8. Somit verbleiben insgesamt 15 Münzen für Marie, die damit die meisten Münzen erhält.

B3-4 Moritz : März

Mia : Oktober

Sascha : Dezember

Hannah : Juni

B3-5 Antonia : Januar

Bernd : Juli

Susi : November

Bodo : September

B3-6 Angela : August

John : Februar

Ramona : April

Nick : Mai

B3-7 Die gesuchte Zahl lautet: 25.

B3-8 Die gesuchte Zahl lautet: 12.

B3-9 Die gesuchte Zahl lautet 2.
Ein Viertel von 4096 = 1024. Wenn du nun rechnest:
2 * 2 * 2 * 2 * 2 * 2 * 2 * 2 * 2 * 2, dann hast du die gesuchte Zahl insgesamt neun Mal mit sich selbst multipliziert, und das Ergebnis lautet: 1024. Also heißt die gesuchte Zahl hier: 2.

Punkteverteilung

1	:	1	51	:	2	86 a	:	1
2	:	1	52	:	2	86 b	:	1
3	:	1	53	:	2	86 c	:	1
4	:	1	54	:	2	86 d	:	1
5	:	1	55	:	3	86 e	:	1
6	:	1	56	:	3	86 f	:	1
7	:	1	57	:	3	86 g	:	1
8	:	1	58	:	3	86 h	:	1
9	:	1	59	:	2	86 i	:	1
10	:	1	60	:	2	86 j	:	1
11	:	1	61	:	2	87 a	:	1
12	:	1	62	:	2	87 b	:	1
13	:	1	63	:	2	87 c	:	1
14	:	1	64	:	2	87 d	:	1
15	:	1	65	:	2	87 e	:	1
16	:	1	66	:	2	87 f	:	1
17	:	1	67	:	2	87 g	:	1
18	:	1	68	:	2	87 h	:	1
19	:	1	69	:	2	87 i	:	1
20	:	1	70	:	2	87 j	:	1
21	:	1	71	:	2	88 a	:	1
22	:	1	72	:	2	88 b	:	1
23	:	1	73	:	2	87 c	:	1
24	:	1	74	:	1	87 d	:	1
25	:	1	75	:	1	87 e	:	1
26	:	1	76	:	1	87 f	:	1
27	:	2	77	:	1	87 g	:	1
28	:	2	78	:	1	87 h	:	1
29	:	2	79	:	1	87 i	:	1
30	:	2	80	:	1	87 j	:	1
31	:	2	81	:	1	87 k	:	1
32	:	2	82	:	1	87 l	:	1

33	:	2	83	:	1	101	:	3
34	:	2	84	:	1	102	:	3
35	:	2	85	:	1	103	:	1
36	:	2	86	:	1	104	:	1
37	:	2	87	:	2	105	:	1
38	:	2	88	:	2	106	:	1
39	:	2	89	:	2	107	:	1
40	:	2	90	:	3	108	:	1
41	:	2	91	:	3	109	:	1
42	:	2	92	:	3	110	:	1
43	:	2	93	:	3	111	:	1
44	:	3	94	:	3	112 a	:	2
45	:	3	95	:	3	112 b	:	2
46	:	3	96	:	3	112 c	:	2
47	:	3	97	:	3	112 d	:	2
48	:	3	98	:	3	113 a	:	2
49	:	3	99	:	3	113 b	:	2
50	:	3	100	:	3	113 c	:	2

113 d	:	2	115 e	:	2	116 j	:	2
113 e	:	2	115 f	:	2	117 a	:	2
113 f	:	2	115 g	:	2	117 b	:	2
114 a	:	2	115 h	:	2	117 c	:	2
114 b	:	2	115 i	:	2	117 d	:	2
114 c	:	2	115 j	:	2	117 e	:	2
114 d	:	2	116 a	:	2	117 f	:	2
114 e	:	2	116 b	:	2	117 g	:	2
114 f	:	2	116 c	:	2	117 h	:	2
114 g	:	2	116 d	:	2	117 i	:	2
114 h	:	2	116 e	:	2	117 j	:	2
115 a	:	2	116 f	:	2	117 k	:	2
115 b	:	2	116 g	:	2	117 l	:	2
115 c	:	2	116 h	:	2	118	:	8
115 d	:	2	116 i	:	2	119	:	8

120	:	Je richtige Zuordnung 1 Punkt (insgesamt 16 Punkte)
121	:	Je richtige Zuordnung 1 Punkt (insgesamt 21 Punkte)
122	:	Für jedes richtig erkannte Raubtier gibt es 2 Punkte. Insgesamt also 26 Punkte. Für jedes falsch genannte Raubtier wird 1 Punkt abgezogen.
123	:	Für jede korrekte Zahl gibt es 1 Punkt. Insgesamt demnach 10 Punkte. Für jede falsche Zahl wird 1 Punkt abgezogen.

124 a :

0 – 3 Wörter	:	1 Punkt
4 – 6 Wörter	:	2 Punkte
7 – 9 Wörter	:	3 Punkte
>= 10 Wörter	:	4 Punkte

124 b :

0 – 3 Wörter	:	1 Punkt
4 – 6 Wörter	:	2 Punkte
7 – 9 Wörter	:	3 Punkte
>= 10 Wörter	:	4 Punkte

124 c :

0 – 3 Wörter	:	1 Punkt
4 – 6 Wörter	:	2 Punkte
7 – 9 Wörter	:	3 Punkte
>= 10 Wörter	:	4 Punkte

125	:	Je richtig markierte Silbe 2 Punkte (Insgesamt 20 Punkte). Für jede falsch markierte Silbe werden 2 Punkte abgezogen.
126 a-j	:	Je 2 Punkte. (Insgesamt 20 Punkte)
127	:	Für das Sudoku gibt es – allerdings nur bei vollständig korrekter Lösung 40 Punkte.

Punkteverteilung bei den Bonus-Aufgaben

B1-1 bis B1-5: Je 1 Punkt (insgesamt also 5 Punkte)
B2-1 bis B2-5: Je 1 Punkt (insgesamt also 5 Punkte)
B3-1 bis B3-3: Je 3 Punkte (insgesamt also 9 Punkte)
B3-4 bis B4-6: Je 2 Punkte (insgesamt also 6 Punkte)
B3-7 bis B3-9: Je 4 Punkte (insgesamt also 12 Punkte)

Auswertung

Wie schon zuvor erwähnt, handelt es sich bei dem hier vorliegenden IQ-Test nicht um einen solchen, der unter wissenschaftlichen Aspekten erstellt wurde, sondern vielmehr um einen solchen, der dir die Gelegenheit geben sollte, möglichst typische Testaufgaben aus klassischen Bereichen (Logik, Sprache, Gedächtnis usw.) trainieren zu können.

Aus diesem Grund wird hier auch bewusst darauf verzichtet, konkrete IQ-Werte zu nennen. Voraussetzung dafür wäre eine wissenschaftlich gesicherte sowie statistisch-signifikante Kontrollgruppe, die hier jedoch nicht Gegenstand dieses IQ-Tests gewesen ist.

Von daher werden hier absichtlich nur grobe Orientierungsmarken genannt, sodass du dich mit anderen Kindern, die diesen IQ-Test unter vergleichbaren Bedingungen durchführen, vergleichen kannst.

Unabhängig davon, wie dein konkretes Testergebnis hier ausgefallen ist, solltest du bitte niemals vergessen, dass der hier ermittelte Testwert nichts über deine Qualitäten als Mensch aussagt. Neben verschiedenen intellektuellen Fähigkeiten, die sich mit klassischen Tests messen lassen, gibt es viele höchst wichtige und wertvolle Werte, die einen Menschen auszeichnen. Bitte vergiss das nicht, falls dein Testergebnis hier nicht so gut ausgefallen sein sollte, wie du es dir vielleicht erhofft hast.

535 – 548	:	Herausragendes Ergebnis
510 – 534	:	Sehr gutes Ergebnis
470 – 509	:	Ergebnis im oberen Mittelfeld
400 – 469	:	Durchschnittliches Ergebnis
351 – 399	:	Leicht unterdurchschnittliches Ergebnis
274 – 350	:	Ausbaufähiges Ergebnis
190 – 273	:	Relativ schwaches Ergebnis
100 – 189	:	Sehr schwaches Ergebnis
0 – 99	:	Extrem schwaches Ergebnis

Abschließende Empfehlung:

Bitte bedenke, dass sich derartige IQ-Testaufgaben innerhalb eines gewissen Leistungsrahmens trainieren lassen. Je häufiger du Testaufgaben solcher Art übst, desto besser werden perspektivisch deine Testergebnisse ausfallen.

Von daher solltest du dein hier ermitteltes Testergebnis bitte nur als eine Momentaufnahme betrachten, die nicht für alle Zeiten „in Stein gemeißelt ist".

Ich wünsche dir viel Freude sowie viel Erfolg bei deinem persönlichen IQ-Test!

Düsseldorf, im Frühjahr 2023

Kontakt zum Autor:

Psychologische Beratung & Lerncoaching, Aribert Böhme
Psychologischer Berater (SGD-Dipl.) & Lerncoaching
DV-Kfm. & EDV-Dozent & Autor
Mitglied im Who-is-Who Deutschland & Europa
E-Mail: Psychologische_Beratung_Boehme@gmx.de
Internet: www.aribertboehme.de

Buchempfehlungen:

IQ-Training für Kinder (2019) – 3. verbesserte Neuauflage
ISBN-13: 9783749422692
Aribert Böhme
Erscheinungsdatum: April 2021
Erhältlich als Buch und als eBook.

IQ-Training für Kinder 2020
ISBN-13: 9783750411272
Aribert Böhme
Erscheinungsdatum: 09.03.2020
Erhältlich als Buch und als eBook.

IQ-Training für Kinder 2021
ISBN-13: 9783752627466
Aribert Böhme
Erscheinungsdatum: 20.10.2020
Erhältlich als Buch und als eBook.

IQ-Training für Kinder 2022
ISBN-13: 9783754373446
Aribert Böhme
Erscheinungsdatum: 04.10.2021
Erhältlich als Buch und als eBook.

Denkanstöße 2018
52 Denkimpulse für 52 Wochen Deines Lebens
Aribert Böhme
ISBN-13: 9783746027579
Erhältlich als Buch und als eBook.

Gedichte & Interpretationen in Symbiose
Denkimpulse für wachsame Geister
Aribert Böhme & Raimundo Germandi
ISBN-13: 9783752832143
Erhältlich als Buch und als eBook.

Begleitende Videoliste zum Buch:
http://www.aribertboehme.de/Videoliste_2018.pdf

Siehe bitte auch folgende Internetseite:
Raimundo Germandi (Dichter & Denker)
http://raimundo-germandi.de/

Gedankensplitter
Nachdenkliches für achtsame Menschen
ISBN-13: 9783754372609
Aribert Böhme
Erscheinungsdatum: 20.10.2021
Erhältlich als Buch und als eBook.

Kontakt zum Autor:

Psychologische Beratung, Aribert Böhme

Psychologischer Berater (SGD-Dipl.) & Lerncoach

DV-Kfm. & EDV-Dozent & Autor

Mitglied im Who-is-Who Deutschland & Europa

E-Mail: Psychologische_Beratung_Boehme@gmx.de

Internet: www.aribertboehme.de

Privatunterricht im Raum Düsseldorf – Ratingen – Hilden – Neuss

Zielgruppe: Schüler*innen der Klassen 1 – 7 (alle Schulformen)

Fachbereiche: Mathematik, Deutsch, Englisch, Lerntechniken

Zusatzdienste: Lernpsychologische Beratung, Gedächtnistraining

Detaillierte Informationen: Psychologische_Beratung_Boehme@gmx.de

Notizen